雷锋画传

辜国兴 编绘

向雷锋同志学习
毛泽东

湖南美术出版社
全国百佳图书出版单位
·长沙·

图书在版编目（CIP）数据

雷锋画传 / 辜国兴编绘. -- 长沙 : 湖南美术出版社,2021.10（2023.6重印）
ISBN 978-7-5356-9559-8

Ⅰ. ①雷… Ⅱ. ①辜… Ⅲ. ①雷锋（1940-1962）—传记—画册
Ⅳ. ①K825.2-64

中国版本图书馆CIP数据核字（2021）第163693号

雷锋画传

LEI FENG HUAZHUAN

出 版 人：黄　啸
策 划 人：黄军认
编　　绘：辜国兴
责任编辑：杜作波　李　坚
责任校对：侯　婧　彭　慧
制　　版：嘉偉文化 JARL.V CULTURE
出版发行：湖南美术出版社
（长沙市东二环一段622号）
经　　销：湖南省新华书店
印　　刷：永清县晔盛亚胶印有限公司
开　　本：710mm × 1000mm　1/16
印　　张：5
版　　次：2021年10月第1版
印　　次：2023年6月第3次印刷
定　　价：15.00元

邮购联系：0731-84787105　邮编：410016
电子邮箱：market@arts-press.com
如有倒装、破损、少页等印装质量问题，请与印刷厂联系调换。
联系电话：0316-6658662

序

半个多世纪以来，每年的3月5日是我国全民学习雷锋的纪念日。雷锋的名字已远远超出个人称谓，远远超出他所生活的时代，响彻于中华大地。雷锋精神高度凝聚了中华民族的传统美德，彰显了社会主义先进文化的本色，是一面永不褪色、永放光芒的精神旗帜。中共中央办公厅在2012年3月印发《关于深入开展学雷锋活动的意见》，大力倡导弘扬雷锋精神，学习雷锋热爱党、热爱祖国、热爱社会主义的崇高理想和坚定信念，学习雷锋服务人民、助人为乐的奉献精神，学习雷锋干一行爱一行、专一行精一行的敬业精神，学习雷锋锐意进取、自强不息的创新精神，学习雷锋艰苦奋斗、勤俭节约的创业精神。

岳阳市博物馆是湖南省雷锋精神教育基地，为了更好地服务观众、讲好雷锋故事、传承雷锋精神，专门策划设计了雷锋故事国画展览。岳阳市博物馆画家辜国兴同志，根据雷锋成长经历和事迹，创作雷锋故事大型国画52幅，这些作品陈列于岳阳市博物馆，常年向观众讲述雷锋的成长历程和事迹。本书《雷锋画传》正是这52幅作品的汇集，画家辜国兴运用彩绘国画小写意人物的表现手法，将雷锋崇高的精神与不平凡的事迹有机地结合起来，绘画场景直观生动，逼真地讲述雷锋生活中的点点滴滴，使雷锋的形象更加鲜活丰满，很好地表现了雷锋同志全心全意为人民服务的精神。

今年是中国共产党建党100周年，我们通过彩色连环画的形式，展现一位经历了旧社会的黑暗，在中国共产党的教育下成长，并投身新中国建设，全心全意为人民服务的青年的事迹，更好地教育、激励广大青少年在新时代弘扬雷锋精神，向雷锋同志学习，继续全心全意为人民服务。

雷锋故居全景图

目 录

第一部分 少年雷锋

伟大的共产主义战士雷锋（原名雷正兴），1940年12月18日出生在湖南长沙。他出生不久，亲人们相继去世。家里只剩下他和妈妈相依为命，过着非常艰难的生活。

七岁那年，妈妈也被谭家地主迫害致死。孤苦伶仃的雷锋被他的六叔公收养。

为了减轻六叔公的负担，幼小的雷锋每天上山砍柴。一些地主阔少常常欺凌他，雷锋幼小的心灵埋下了仇恨的种子，一心想要报仇雪恨。

1949年8月，人民解放军解放了长沙，雷锋找到部队，强烈要求当兵。部队领导看他年纪太小，赠送他一支钢笔，鼓励他好好读书，为将来建设新中国贡献自己的力量。

1950年夏天，人民政府免费供雷锋读书。在学校里，性格开朗的雷锋热心参加学校组织的各种活动，他像春天里的小鸟一样感受这个社会的温暖，热爱自己的生活。

第二部分　工人雷锋

1956年，雷锋毕业于荷叶坝小学，被推荐到望城县政府工作。他事事热心，总有使不完的劲。在沩水河治理工程中，雷锋每天派送各种文件，来回步行十多公里，每次总能出色地完成任务。

汈水河治理工程顺利结束后，雷锋被分配到刚刚围垦建立的团山湖农场。这时，县里开展捐献一台拖拉机给农场的活动，雷锋捐出了自己攒了很久的20元钱。随后，他又成为全县第一个拖拉机手。

在“大跃进”运动中，雷锋响应国家号召，到远离家乡的辽宁鞍山化工厂做了一名推土机手。在路过北京时，他专门来到天安门前，骑在摩托车上照了一张相，年轻的雷锋觉得自己很酷。

在鞍山做工人的一年多里，雷锋干一行爱一行，获得了很多荣誉，被评为先进工作者。

雷锋下班后总是穿着工作时的旧衣服，同事们都劝他买一件当时很流行的皮夹克。听多了，雷锋就心动买了一件。后来领导看见，批评了他，希望他能艰苦奋斗，不要忘本。雷锋很惭愧，他把夹克压在箱底，从此再也不穿了。

第三部分 士兵雷锋

1960年1月8日雷锋入伍，终于实现了他的参军愿望，成为一名光荣的中国人民解放军战士。

在新兵连，当团首长问起雷锋叫什么名字时，雷锋响亮地回答："报告首长，我叫雷锋，打雷的雷，冲锋的锋。"

入伍后，雷锋苦练杀敌本领，胳膊都肿了，还咬牙坚持。班长心疼地劝他回去休息，他说：“解放军战士本领不强，将来怎能保家卫国？”

新兵连训练结束后，雷锋被分配到运输连当汽车驾驶员。他和战友们刻苦钻研，很快弄清了汽车原理，掌握了驾驶和维修技术。

雷锋不仅是一名优秀的战士，还是节约标兵。他利用废弃的木板做了一个“节约箱”，把平时拣来的一些废旧物储存起来，一有时间就修修补补，做到物尽其用。他的这一做法得到了部队领导的表扬和推广。

雷锋热爱学习，努力提高自己的文化水平，利用一切空闲时间阅读《毛泽东选集》等著作。他在学习上提倡“钉子精神”，认为钉子有两个长处：一个是拼劲，一个是钻劲。

驻地附近的人民公社成立了，雷锋参加了庆祝集会。在这欢欣鼓舞的日子里，他心潮翻滚，自己作为一个人民战士，该为刚建立的人民公社做点什么呢？想着想着，雷锋挤出了人群，来到了储蓄所，把自己存的200元钱全部取了出来。

雷锋一口气跑到公社党委办公室，把钱往桌上一放，说："我早就盼望这一天了，这是我的一点心意！"接待的同志很感动，再三推辞后，只接受了雷锋的100元捐款。

雷锋自己非常节俭，衣服、袜子、茶缸、脸盆总是补了又补。战友们看了都说："你就一个人，攒那么多钱，不花干啥哦？"雷锋说："怎么就我一个人呢？我们国家一穷二白，要改变面貌就要艰苦奋斗呀。"他的话使同志们很受启发，都自觉地向他学习。

也有个别同志不理解，说他真傻，可雷锋却在日记里写道："如果说这是'傻子'，那我是甘心愿意做这样的'傻子'的……我就是长着一个心眼，我一心向着党，向着社会主义，向着共产主义。"

在部队里，雷锋为了集体事业往往奋不顾身。一天傍晚，雷锋和战友发现西边一栋楼里冒出滚滚浓烟，他们立即冲过去灭火，身上的衣服、帽子着火了，都全然不顾。几天后，驻地山洪暴发，手伤未愈的雷锋又赶过去抢险。此后他又多次立功，受到团、营嘉奖。

在毛泽东思想的哺育下，雷锋茁壮成长。1960年11月8日，他光荣地加入了中国共产党。这一天，他在日记里写道：“伟大的党啊，您是我慈祥的母亲！我所有的一切都是属于您的，我要永远听您的话……永做您忠实的儿子。”

雷锋当上班长后，一次带领全班执行任务，为不打扰乡亲们，在村前搭起了帐篷。老乡们都说：“看，咱村又多了一户人家呢。”

执行任务间隙，雷锋带领全班战士热情地帮老乡们干农活，雷锋就像一个老把式似的帮助乡亲们耕田。

一天深夜，连指导员查房回到寝室，睡了一觉醒来，起身一看，发现雷锋仍然坐在原来的位子上，一动不动地专心看书。

指导员轻轻地走到雷锋身边说："雷锋，你怎么还不休息？""指导员，我影响你休息了。"雷锋带着歉意说。指导员拿过书一看，是《为人民服务》。

雷锋读了《为人民服务》后，在书的空白处写道：“我活着，只有一个目的，就是做一个对人民有用的人……生为人民生，死为人民死。”

一次休病假时，雷锋经过一个建设工地，在广播声中听到工地砖头运输跟不上，他二话不说推起运砖车加入运送队伍。当工地广播员要写表扬稿问他姓名时，满头大汗的雷锋却说："我叫中国人民解放军。"

当天下午，工地领导组织一些工人敲锣打鼓地向运输连驻地走来。部队领导都感到莫名其妙，等看了工人们用红纸写的感谢信，才知道雷锋带病又为人民做了一件好事。

雷锋利用一切机会热心服务人民群众。在出差的列车上，他为乘客端茶倒水，为有困难的旅客拿行李，抱小孩，忙个不停。

列车到站后，雷锋还主动帮忙打扫车内卫生，和列车员交流学习毛泽东思想的心得与体会。

一次，雷锋洗完车后，远远地看见一位大娘拉着孙女在风雨中艰难前行。

雷锋走上前去，把自己的雨衣披在大娘身上，自己冒着大雨，走了几十里山路送大娘回家。

那时台海局势高度紧张，台湾和蒋介石集团叫嚣要反攻大陆，经常有美、蒋特务到大陆进行骚扰破坏。一天，雷锋在外执行任务时听到部队有任务，他连夜开车从任务区赶回抚顺。

月色朦胧，连部的停车场上停着一排崭新的卡车，车上覆盖着草绿色的伪装网。战友们对雷锋说："上级决定从咱们连抽出七辆车去福建前线执行任务，党支部正在研究选派谁驾驶前往。"

雷锋急忙跑到连部请求：“连长，批准我上前线吧！”原来党支部根据工作需要，没有安排雷锋到前线去。连长拍着他的肩膀说：“雷锋，目前阶级斗争很复杂，前线和后方都需要我们进行战斗啊。”

连长的一席话使雷锋心里一下子豁亮了。对呀！现在局势这么复杂，阶级斗争仍然存在，不论前方、后方都是我们的战场。第二天，他又到任务区执行任务，见到一个鬼鬼祟祟的“磨刀人”在营区前后转悠。

雷锋立马警觉起来，上前盘问，那人支支吾吾，回答得牛头不对马嘴。“你的小本子上记些什么东西，拿来看看！”那家伙神色慌张地把小本子递给了雷锋。

雷锋拿过小本子一看，上面记着部队番号及驻地村名。群众纷纷盘问，那人却越答越慌张，后被当地公安机关带走。经查，那人确是一个企图搜集我军情报的反革命分子。

雷锋不仅自己一步一个脚印地向前进，还十分关心祖国下一代的成长，他先后担任过两个小学的少先队辅导员。一个阳光灿烂的中午，雷锋穿着崭新的军装，大步向建设街小学走去。

他一进校门就被孩子们围住了，大家欢呼雀跃道："欢迎雷锋叔叔。"原来雷锋刚出车回来，听说孩子们要举行以"听党的话，做毛主席的好孩子"为题的大队会，就连忙吃完午饭，赶了过来。

在大队会上，雷锋向孩子们讲述他在韶山听到的毛主席青少年时代的故事。一千多名少先队员聚精会神地听着，他们都被毛主席青少年时代的革命实践深深感动。

雷锋鼓励孩子们艰苦朴素，热爱劳动。在公园里，一名少先队员拉着雷锋的手说：“雷锋叔叔，我会补衣物了，看，这就是我补的袜子呢。”

壬辰春國興画

雷锋乐于助人，对战友充满兄弟般的关爱。一次，雷锋和战友们上山割草搭菜棚。中午，大家拿出自己的饭盒吃饭，战友王延堂忘了带饭，看着大伙在吃，雷锋赶忙把自己的饭分给了王延堂。

回来不久，雷锋看战友小周情绪低落，关切地问："你怎么啦？"小周只是摇摇头，不说话。

后来，雷锋通过别的渠道了解到小周父亲生病，家里希望小周能寄点钱回去，以解燃眉之急。雷锋知道后，瞒着小周，赶忙把自己存的钱以小周的名义寄到他家里。

不久，小周接到家里的来信，说寄去的钱收到了，父亲得到了治疗，病情好转，叫他安心工作。小周感到奇怪：这是怎么回事？当知道是雷锋帮了他时，他感动得热泪盈眶。

雷锋常常这样想："如果你是一滴水，你是否滋润了一寸土地？如果你是一线阳光，你是否照亮了一分黑暗？如果你是一颗粮食，你是否哺育了有用的生命……"这就是无私奉献、热心助人的雷锋。

1962年8月15日，雷锋和战友执行完任务回到营房，汽车已满是泥泞，二人准备将汽车开到营房水龙头旁清洗。

战友在倒车的过程中，不慎将晾衣杆撞倒。晾衣杆击中雷锋的头部，雷锋不幸殉职，年仅22岁。

雷锋把自己的每一份热、每一份光，都无私奉献给了人民。他以真诚与火热的赤子之心，将有限的生命投入到无限的为人民服务中去，谱写了壮丽而辉煌的人生乐章。他的精神影响着一代代中国人，雷锋的名字从此响彻中华大地。1963年3月5日，毛泽东主席为他题词——“向雷锋同志学习”。